AF189429

Impressum
Verlag: BABADADA GmbH, Nedderfeld 112 , 22529 Hamburg
Geschäftsführer / Verlagsleitung: Harald Hof
Druck: Books on Demand GmbH, In de Tarpen 42, 22848 Norderstedt

Imprint
Publisher: BABADADA GmbH, Nedderfeld 112 , 22529 Hamburg, Germany
Managing Director / Publishing direction: Harald Hof
Print: Books on Demand GmbH, In de Tarpen 42, 22848 Norderstedt

okul
escuela

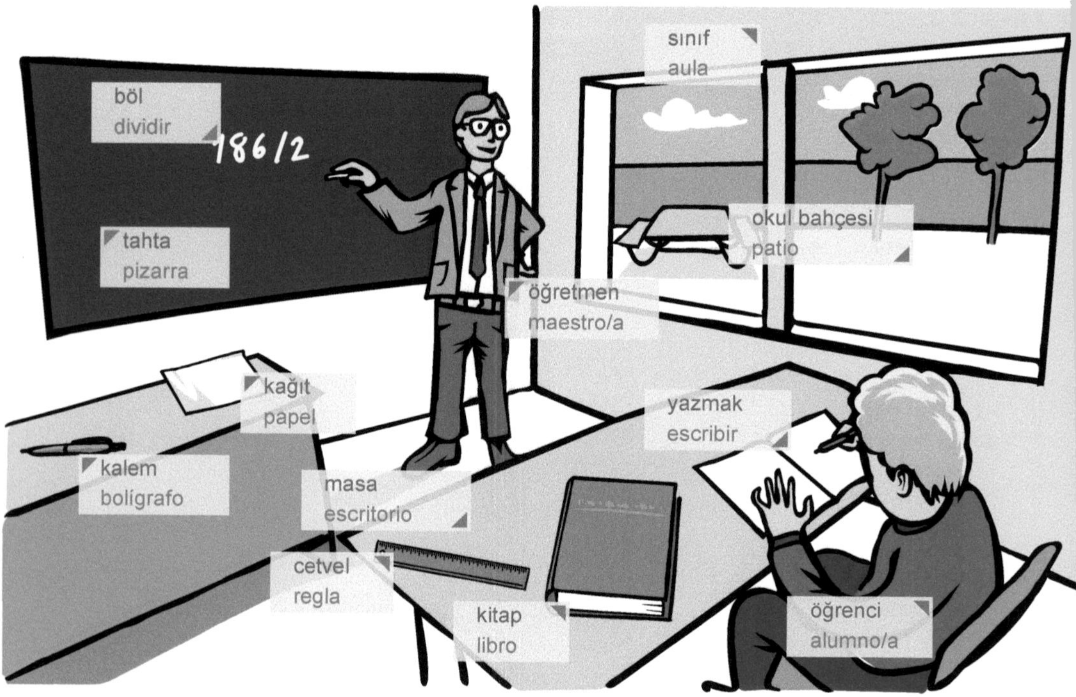

sınıf
aula
böl
dividir
186/2
tahta
pizarra
okul bahçesi
patio
öğretmen
maestro/a
kağıt
papel
yazmak
escribir
kalem
bolígrafo
masa
escritorio
cetvel
regla
kitap
libro
öğrenci
alumno/a

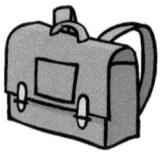

okul çantası

cartera

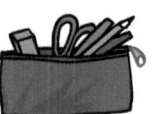

kalemlik

caja de lápices

kurşun kalem

lápiz

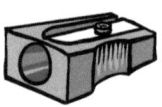

kalem açacağı

sacapuntas

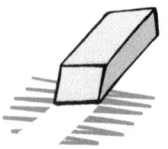

silgi

goma de borrar

çizim defteri

cuaderno de dibujo

çizim
dibujo

resim fırçası
pincel

boya kutusu
caja de pinturas

makas
tijeras

tutkal
pegamento

alıştırma kitabı
cuaderno de ejercicios

ödev
deberes

12

sayı
número

2+2

ekle
sumar

5-2

çıkar
restar

2×2

çarp
multiplicar

hesapla
calcular

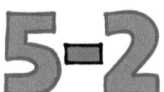

A

harf
letra

ABCDEFG
HIJKLMN
OPQRSTU
VWXYZ

alfabe
alfabeto

hello

kelime
palabra

metin

texto

okumak

leer

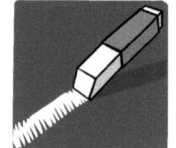

tebeşir

tiza

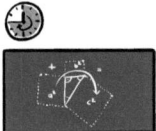

ders

lección

kayıt

cuaderno de notas

sınav

examen

sertifika

certificado

okul forması

uniforme escolar

eğitim

educación

ansiklopedi

enciclopedia

üniversite

universidad

mikroskop

microscopio

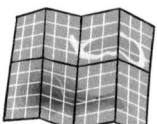

harita

mapa

kağıt çöp kutusu

papelera

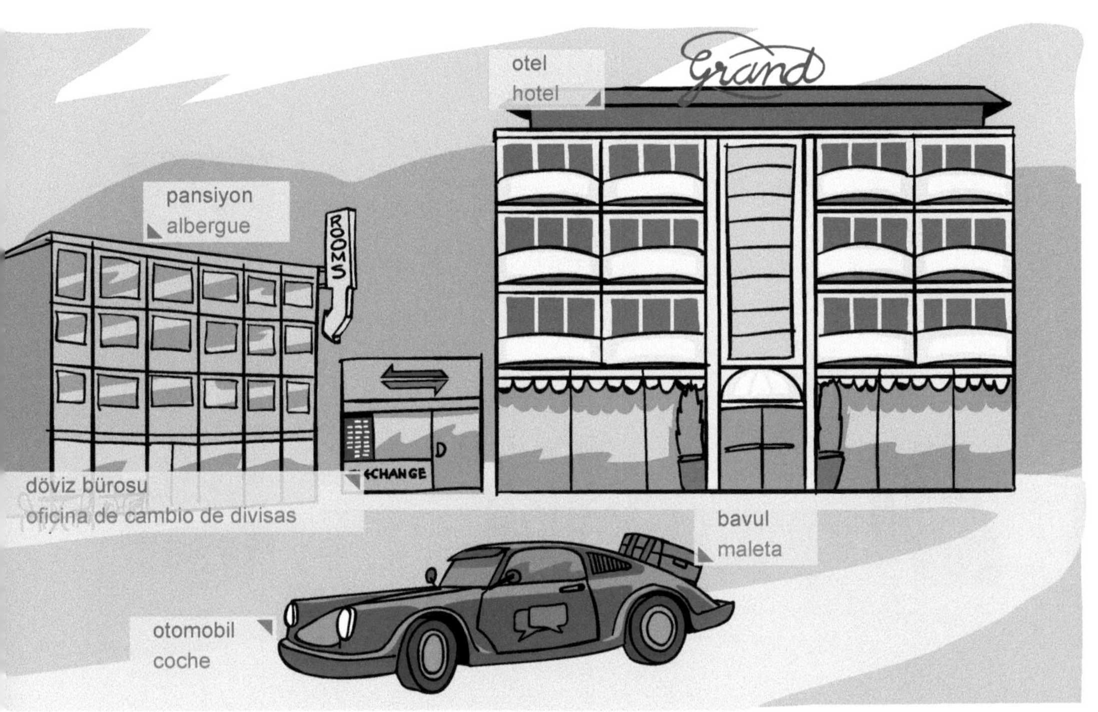

otel
hotel
Grand
pansiyon
albergue
ROOMS
döviz bürosu
oficina de cambio de divisas
bavul
maleta
otomobil
coche

dil

idioma

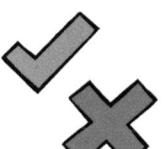

evet / hayır

sí / no

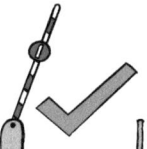

Tamam

Vale

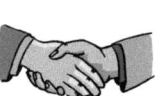

merhaba

hola

çevirmen

traductor

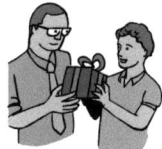

Teşekkür ederim

Gracias

bu ... ne kadar?

¿cuánto es...?

anlamadım

No entiendo

problem

problema

İyi akşamlar!

¡Buenas tardes!

Günaydın!

¡Buenos días!

İyi geceler!

¡Buenas noches!

güle güle

adiós

yön

dirección

bagaj

equipaje

çanta

bolsa

sırt çantası

mochila

misafir

invitado

oda

habitación

uyku tulumu

saco de dormir

çadır

tienda de campaña

turist danışma

información turística

sahil

playa

kredi kartı

tarjeta de crédito

kahvaltı

desayuno

öğle yemeği

almuerzo

akşam yemeği

cena

Bilet

billete

asansör

ascensor

pul

sello

sınır

frontera

gümrük

aduana

elçilik

embajada

vize

visa

pasaport

pasaporte

ulaşım
transporte

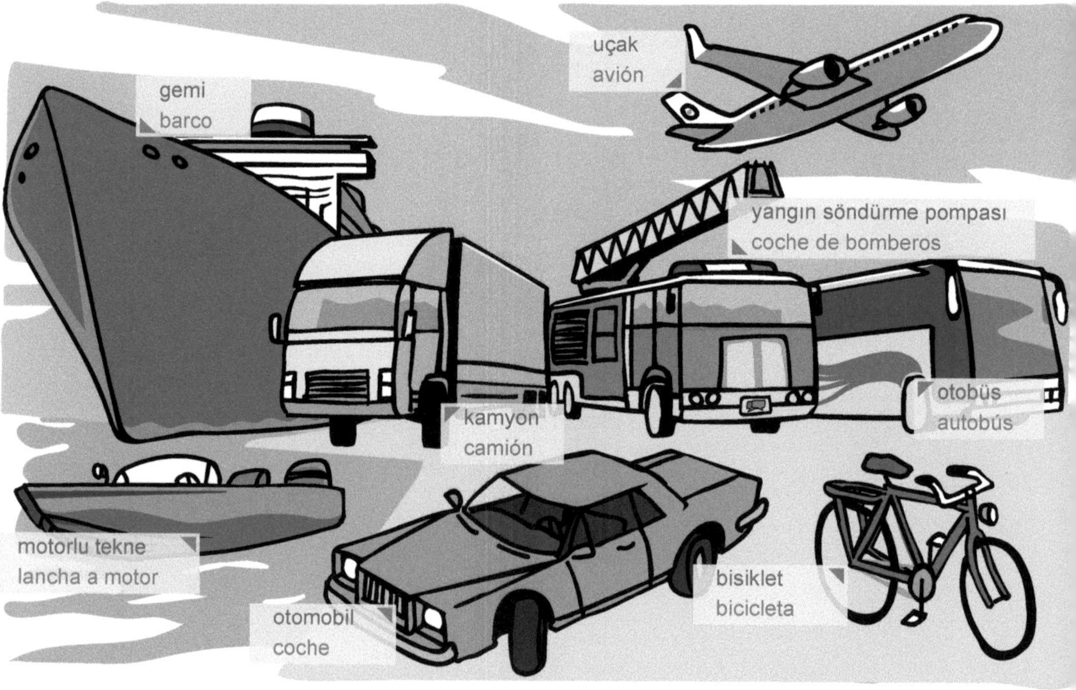

uçak
avión
gemi
barco
yangın söndürme pompası
coche de bomberos
otobüs
autobús
kamyon
camión
motorlu tekne
lancha a motor
bisiklet
bicicleta
otomobil
coche

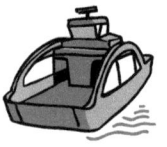

feribot

transbordador

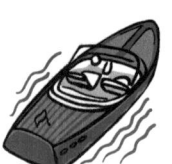

bot

barca

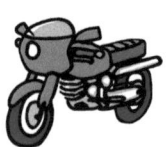

motosiklet

moto

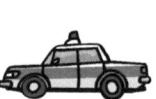

polis arabası

coche de policía

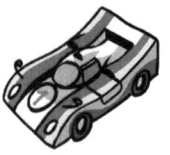

yarış arabası

coche de carreras

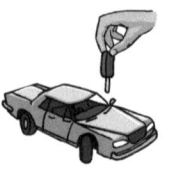

kiralık araba

coche de alquiler

ortak araba

préstamo de vehículos

çekici

grúa

çöp kamyonu

camión de la basura

motor

motor

yakıt

gasolina

benzinlik

gasolinera

trafik işareti

señal de tráfico

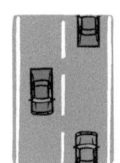

trafik

tráfico

trafik sıkışıklığı

atasco

otopark

aparcamiento

tren istasyonu

estación de tren

ray

vías

tren

tren

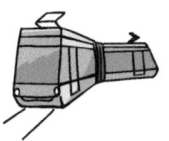

tramvay

tranvía

vagon

vagón

helikopter

helicóptero

havaalanı

aeropuerto

kule

torre

yolcu

pasajero

konteyner

contenedor

koli

caja de cartón

yük arabası

carretilla

sepet

cesta

kalkış / iniş

despegar / aterrizar

şehir

ciudad

köy

pueblo

şehir merkezi

centro de ciudad

ev

casa

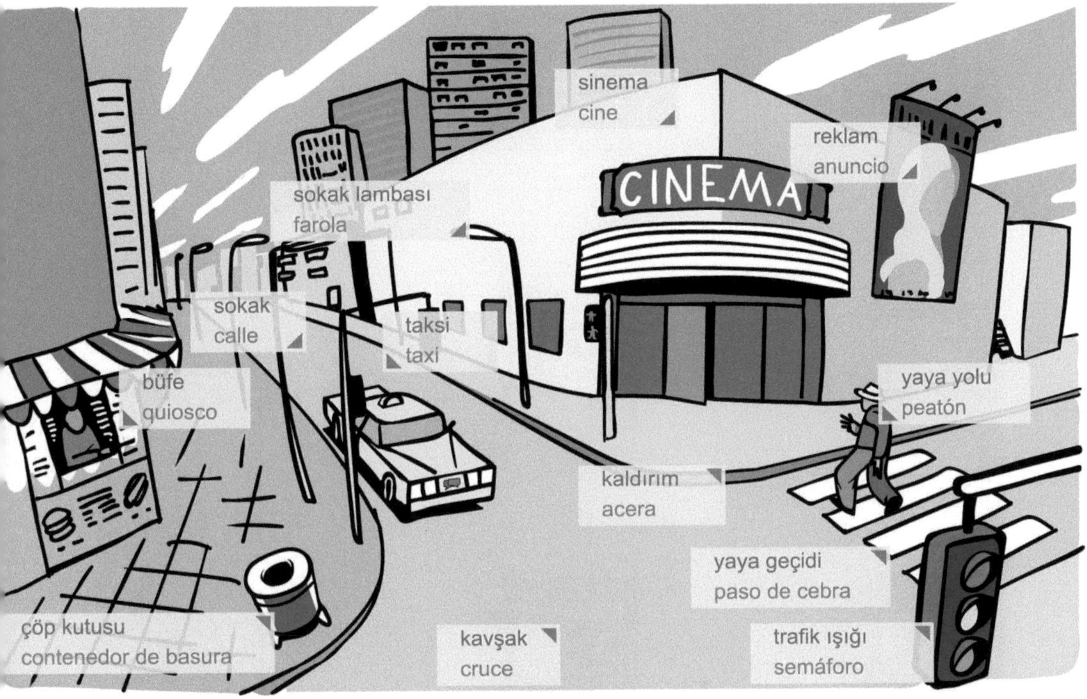

sinema
cine

reklam
anuncio

sokak lambası
farola

CINEMA

sokak
calle

taksi
taxi

büfe
quiosco

yaya yolu
peatón

kaldırım
acera

yaya geçidi
paso de cebra

çöp kutusu
contenedor de basura

kavşak
cruce

trafik ışığı
semáforo

kulübe
cabaña

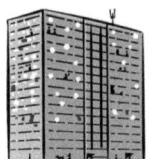

apartman dairesi
apartamento

tren istasyonu
estación de tren

belediye binası
ayuntamiento

müze
museo

okul
escuela

üniversite
universidad

banka
banco

hastane
hospital

otel
hotel

eczane
farmacia

ofis
oficina

kitapçı
librería

mağaza
tienda

çiçekçi
floristería

süpermarket
supermercado

market
mercado

büyük mağaza
grandes almacenes

balık satıcısı
pescadería

alışveriş merkezi
centro comercial

liman
puerto

şehir - ciudad

park
....
parque

bank
....
banco

köprü
....
puente

merdiven
....
escaleras

metro
....
metro

tünel
....
túnel

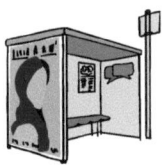

otobüs durağı
....
parada de autobús

bar
....
bar

restoran
....
restaurante

posta kutusu
....
buzón

sokak tabelası
....
poste indicador

otopark sayacı
....
parquímetro

hayvanat bahçesi
....
zoo

yüzme havuzu
....
piscina

cami
....
mezquita

çiftlik
granja

kirlilik
contaminación

mezarlık
cementerio

kilise
iglesia

oyun alanı
patio de juego

tapınak
templo

arazi

paisaje

yaprak
hoja

yön tabelası
señal

yol
camino

çayır
prado

taş
piedra

yürüyüşçü
excursionista

ağaç
árbol

ırmak
río

çimen
hierba

çiçek
flor

vadi

valle

tepe

colina

göl

lago

orman

bosque

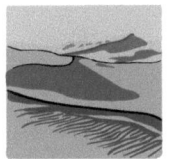

çöl

desierto

volkan

volcán

kale

castillo

gökkuşağı

arcoíris

mantar

champiñón

palmiye

palmera

sivrisinek

mosquito

sinek

mosca

karınca

hormiga

arı

abeja

örümcek

araña

böcek

escarabajo

kurbağa

rana

sincap

ardilla

kirpi

erizo

yabani tavşan

liebre

baykuş

lechuza

kuş

pájaro

kuğu

cisne

yaban domuzu

jabalí

geyik

ciervo

geyik

alce

baraj

presa

rüzgar türbini

turbina eólica

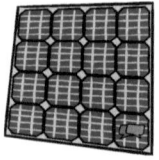

güneş paneli

panel solar

iklim

clima

arazi - paisaje

restoran
restaurante

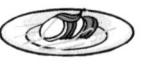

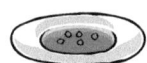

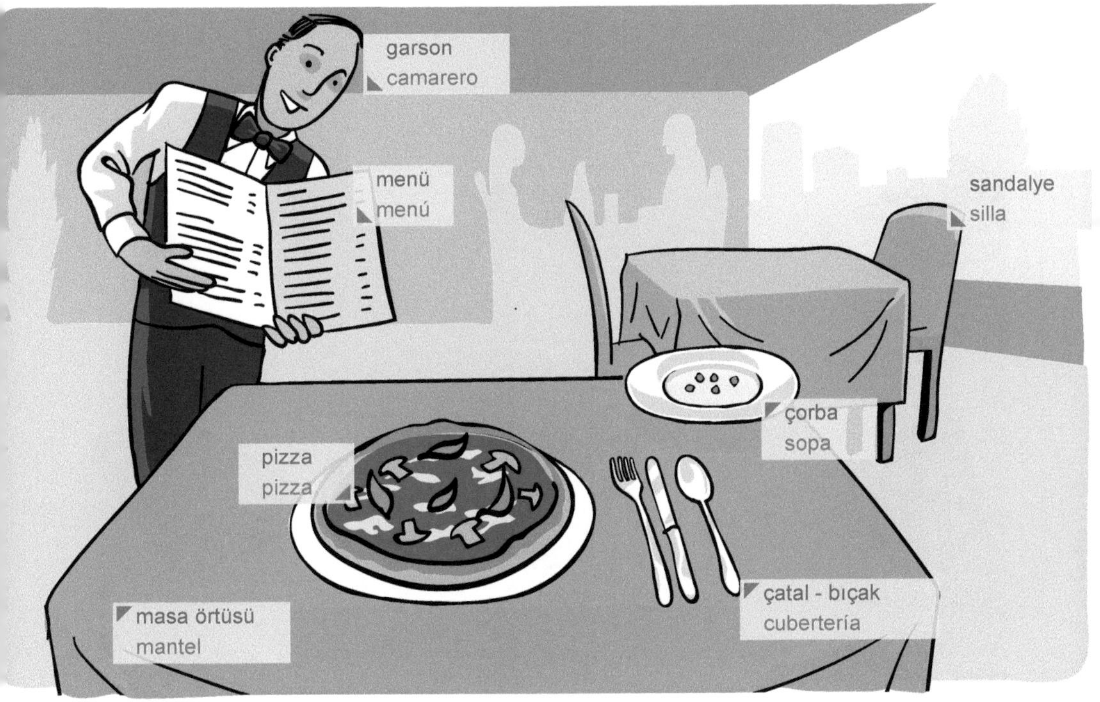

garson
camarero
menü
menú
sandalye
silla
çorba
sopa
pizza
pizza
çatal - bıçak
cubertería
masa örtüsü
mantel

başlangıç

primer plato

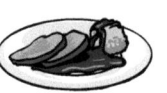

ana yemek

plato principal

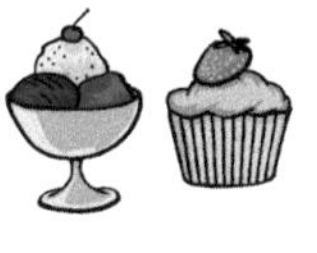

tatlı

postre

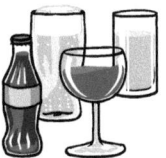

içecekler

bebidas

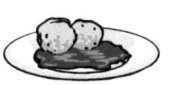

yemek

comida

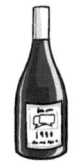

şişe

botella

fastfood

comida rápida

sokak yemeği

comida callejera

çaydanlık

tetera

şekerlik

azucarero

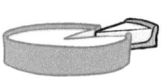

porsiyon

porción

espresso makinesi

cafetera expreso

mama sandalyesi

trona

fatura

cuenta

tepsi

bandeja

bıçak

cuchillo

çatal

tenedor

kaşık

cuchara

çay kaşığı

cucharilla

servis peçetesi

servilleta

bardak

vaso

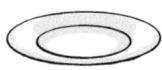

tabak

plato

çorba kasesi

plato hondo

fincan altlığı

platillo

sos

salsa

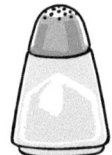

tuzluk

salero

karabiber değirmeni

molinillo de pimienta

sirke

vinagre

yağ

aceite

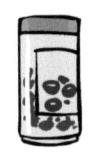

baharat

especias

ketçap

ketchup

hardal

mostaza

mayonez

mayonesa

süpermarket
supermercado

özel teklif
oferta especial
FOR
müşteri
cliente
süt ürünleri
lácteos
meyve
fruta
alışveriş arabası
carro de la compra

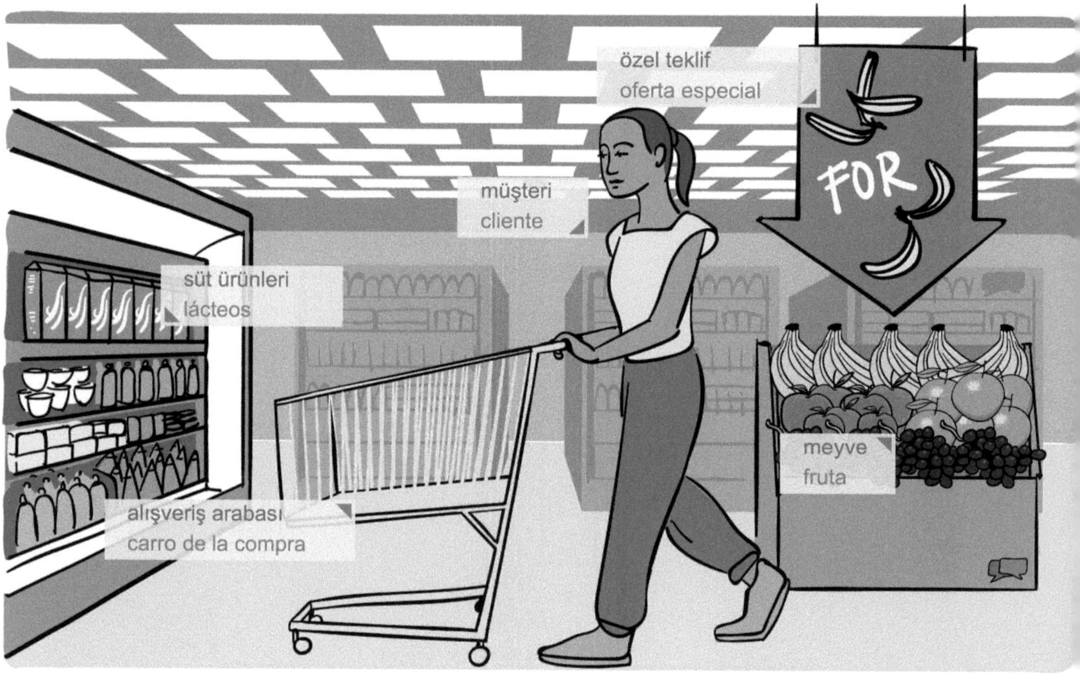

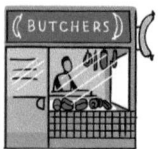

BUTCHERS

kasap

carnicería

BAKERY

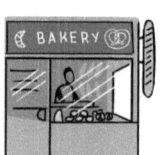

fırın

panadería

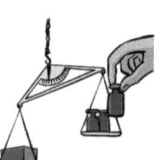

tartmak

pesar

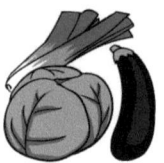

sebze

verduras

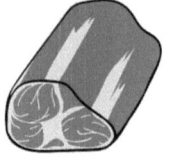

et

carne

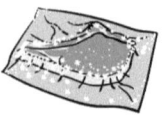

donmuş gıda

alimentos congelados

söğüş et

fiambres

konserve yiyecek

conservas

toz deterjan

detergente en polvo

şekerlemeler

dulces

ev temizlik ürünleri

productos de uso doméstico

temizlik ürünleri

productos de limpieza

satış görevlisi

vendedora

yazar kasa

caja

kasiyer

cajero

alışveriş listesi

lista de la compra

açılış saatleri

horario de atención al
público

cüzdan

cartera

kredi kartı

tarjeta de crédito

çanta

bolsa

plastik poşet

bolsa de plástico

su
agua

meyve suyu
zumo

süt
leche

kola
cola

şarap
vino

bira
cerveza

alkol
alcohol

kakao
cacao

çay
té

kahve
café

espresso
expreso

kapuçino
capuchino

muz

plátano

elma

manzana

portakal

naranja

kavun

melón

limon

limón

havuç

zanahoria

sarımsak

ajo

bambu

bambú

soğan

cebolla

mantar

champiñón

çerez

avellanas

makarna

fideos

spagetti

espagueti

pirinç

arroz

salata

ensalada

cips

patatas fritas

patates kızartması

patatas fritas

pizza

pizza

hamburger

hamburguesa

sandviç

sándwich

şinitzel

filete

pastırma

jamón

salam

salami

sosis

salchicha

tavuk

pollo

rosto

asado

balık

pescado

yulaf ezmesi

copos de avena

müsli

muesli

mısır gevreği

copos de maíz

un

harina

kruvasan

cruasán

küçük ekmek

panecillo

ekmek

pan

tost

tostada

bisküvi

galletas

tereyağı

mantequilla

kaymak

cuajada

kek

pastel

yumurta

huevo

sahanda yumurta

huevo frito

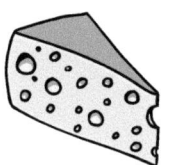

peynir

queso

dondurma
helado

şeker
azúcar

bal
miel

reçel
mermelada

fındık ezmesi
crema de turrón

köri
curry

yemek - comida

çiftlik
granja

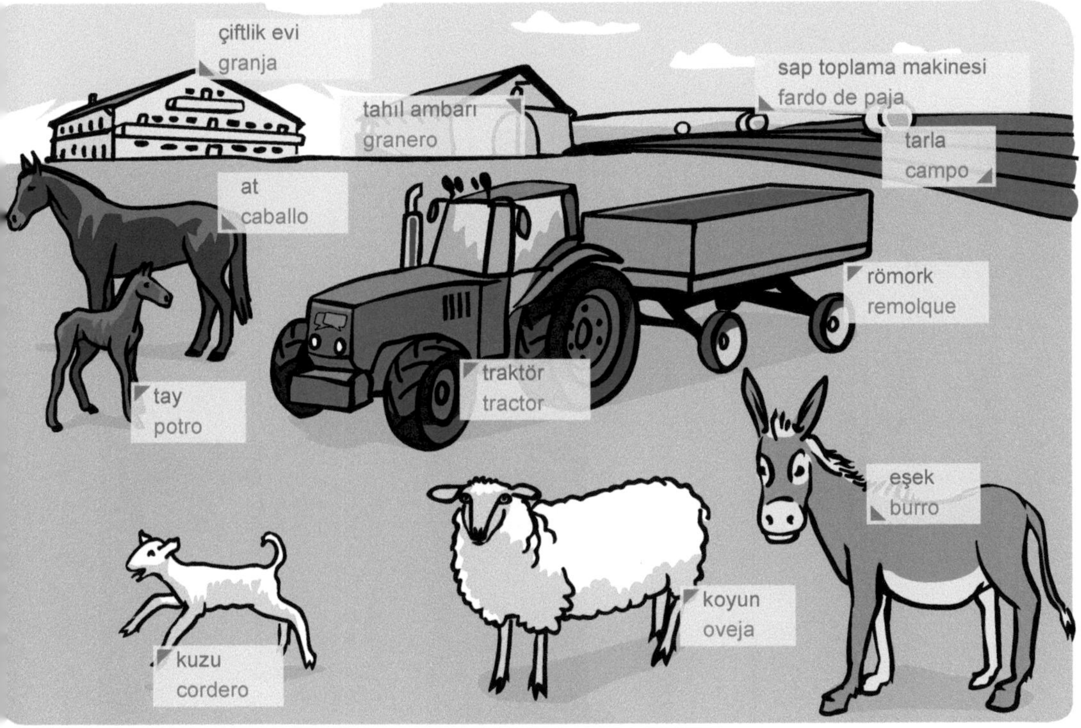
çiftlik evi
granja
tahıl ambarı
granero
sap toplama makinesi
fardo de paja
tarla
campo
at
caballo
römork
remolque
traktör
tractor
tay
potro
eşek
burro
koyun
oveja
kuzu
cordero

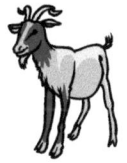

keçi

cabra

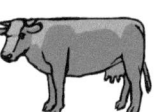

inek

vaca

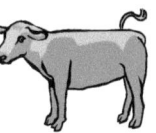

buzağı

ternero

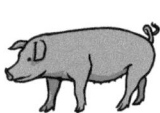

domuz

cerdo

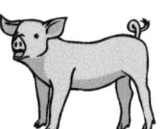

domuz yavrusu

cerdito

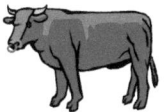

boğa

toro

kaz

ganso

ördek

pato

civciv

pollo

tavuk

gallina

horoz

gallo

sıçan

rata

kedi

gato

fare

ratón

öküz

buey

köpek

perro

köpek kulübesi

perrera

bahçe hortumu

manguera

sulama kabı

regadera

tırpan

guadaña

pulluk

arado

orak

hoz

çapa

azada

dirgen

horca

balta

hacha

el arabası

carretilla

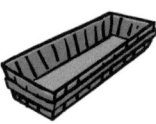

yemlik

abrevadero

süt kovası

lechera

çuval

saco

çit

valla

ahır

establo

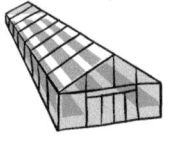

sera

invernadero

toprak

suelo

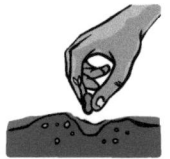

tohum

semilla

gübre

fertilizador

biçerdöver

cosechadora

hasat etmek
cosechar

harman
cosecha

tatlı patates
ñame

buğday
trigo

soya
soja

patates
patata

mısır
maíz

kolza
semilla de colza

meyve ağacı
árbol frutal

manyok
mandioca

hububat
cereales

baca
chimenea

çatı
tejado

yağmur oluğu
canalón

pencere
ventana

garaj
garaje

kapı zili
timbre

kapı
puerta

çöp kutusu
cubo de la basura

posta kutusu
buzón

bahçe
jardín

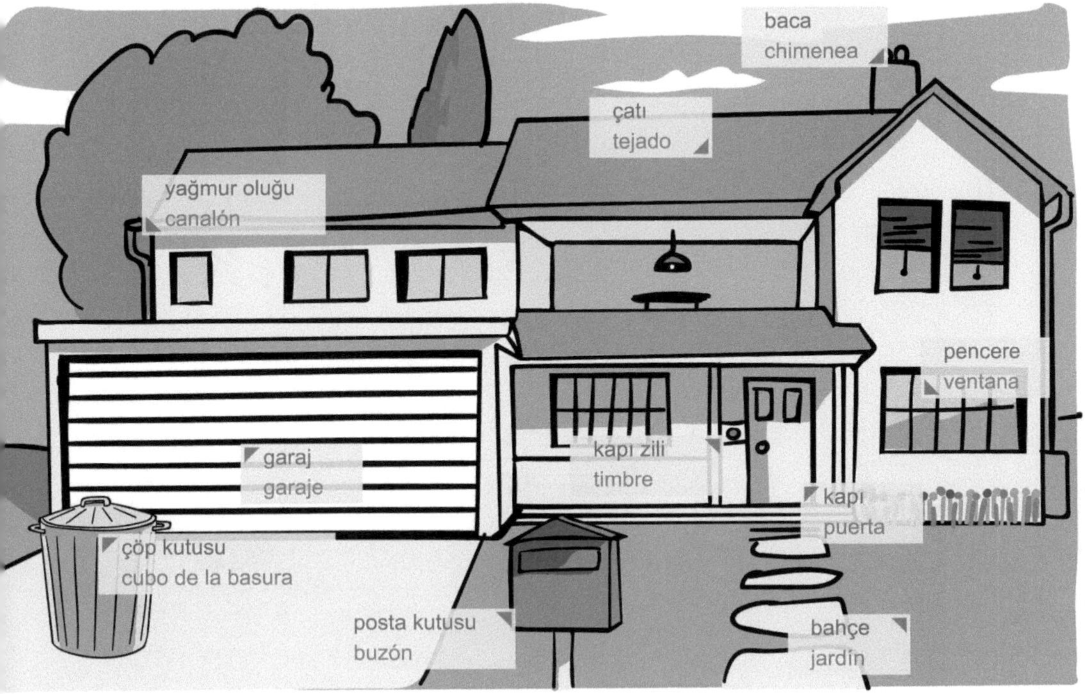

oturma odası
sala

banyo
cuarto de baño

mutfak
cocina

yatak odası
dormitorio

çocuk odası
habitación de los niños

yemek odası
comedor

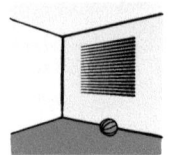

zemin
suelo

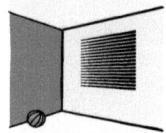

duvar
pared

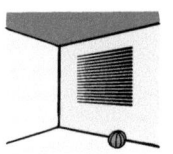

tavan
techo

kiler
sótano

sauna
sauna

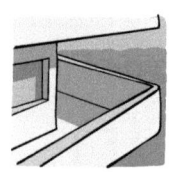

balkon
balcón

teras
terraza

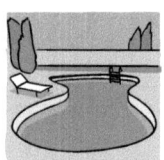

havuz
piscina

çim biçme makinesi
cortacésped

çarşaf
sábana

yatak örtüsü
colcha

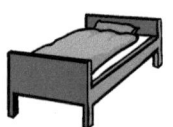

yatak
cama

süpürge
escoba

kova
balde

anahtar
interruptor

oturma odası

sala

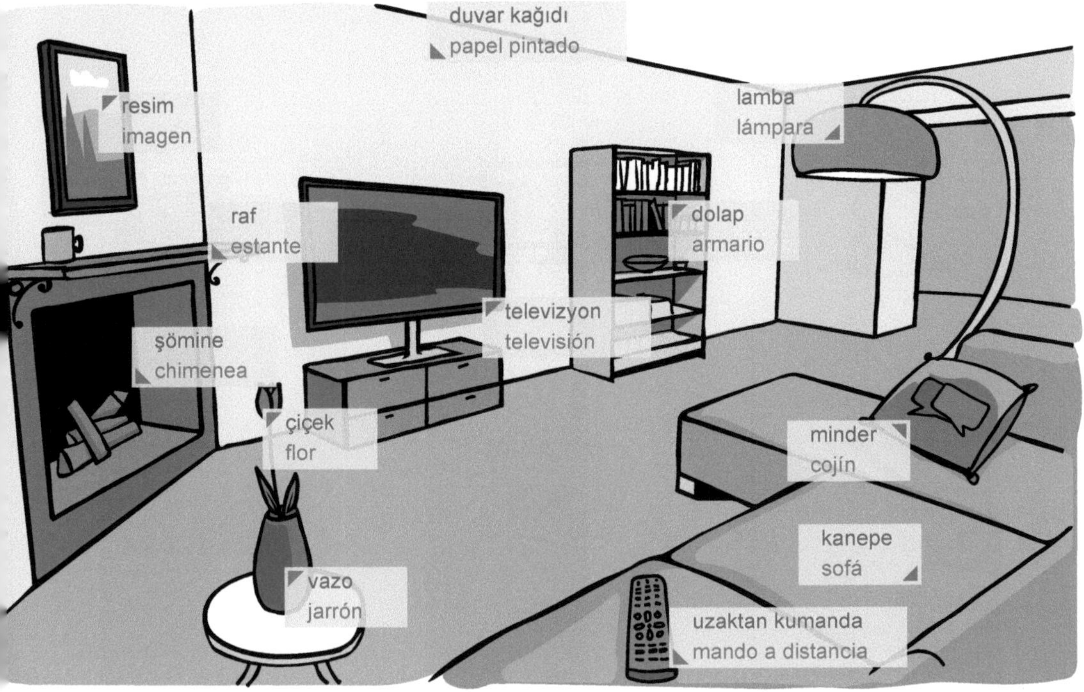

duvar kağıdı
papel pintado
resim
imagen
lamba
lámpara
raf
estante
dolap
armario
televizyon
televisión
şömine
chimenea
çiçek
flor
minder
cojín
kanepe
sofá
vazo
jarrón
uzaktan kumanda
mando a distancia

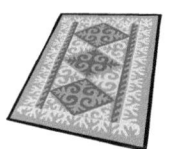

halı

alfombra

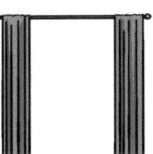

perde

cortina

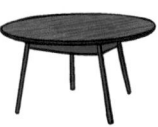

masa

mesa

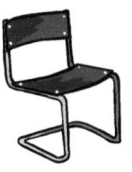

sandalye

silla

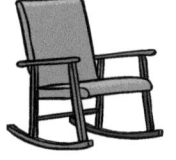

salıncaklı koltuk

mecedora

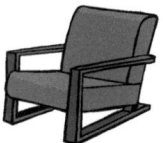

koltuk

butaca

kitap
libro

battaniye
manta

dekor
decoración

odun
leña

film
película

hi-fi
equipo de música

anahtar
llave

gazete
periódico

tablo
pintura

poster
póster

radyo
radio

defter
cuaderno

elektrikli süpürge
aspiradora

kaktüs
cactus

mum
vela

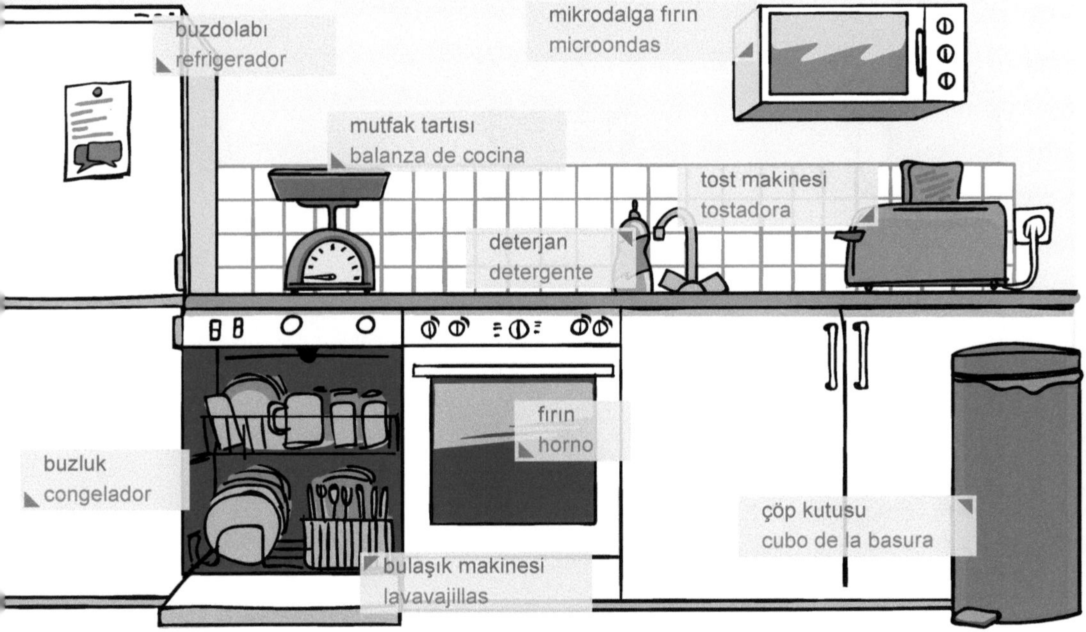

buzdolabı
refrigerador

mikrodalga fırın
microondas

mutfak tartısı
balanza de cocina

tost makinesi
tostadora

deterjan
detergente

fırın
horno

buzluk
congelador

çöp kutusu
cubo de la basura

bulaşık makinesi
lavavajillas

ocak
olla a presión

tencere
olla

döküm tencere
olla de hierro fundido

wok
wok / karahi

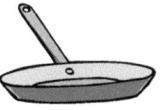

tava
cazuela

su ısıtıcı
hervidor

buharlı pişirici

vaporera

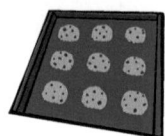

pişirme tepsisi

chapa de horno

tabak takımı

vajilla

kupa

taza

kase

tazón

çubuk (çin yemeği)

palillos

kepçe

cucharón

spatula

espumadera

çırpma teli

batidor

süzgeç

colador

elek

cedazo

rende

rallador

havan

mortero

barbekü

barbacoa

açık ateş

hoguera

kesme tahtası

tabla de picar

merdane

rodillo

tirbüşon

sacacorchos

konserve kutusu

lata

konserve açacağı

abrelatas

fırın eldiveni

agarrador

evye

lavabo

fırça

cepillo

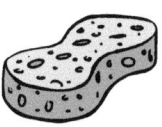

sünger

esponja

blender

batidora

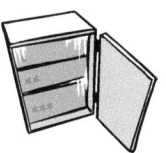

derin dondurucu

congelador

biberon

biberón

musluk

grifo

banyo

cuarto de baño

duş
ducha
ısıtma
calefacción
havlu
toalla
duş perdesi
cortina de la ducha
köpük banyosu
baño de espuma
küvet
bañera
bardak
vaso
çamaşır makinesi
lavadora
musluk
grifo
fayans
baldosas
lazımlık
orinal
evye
lavabo

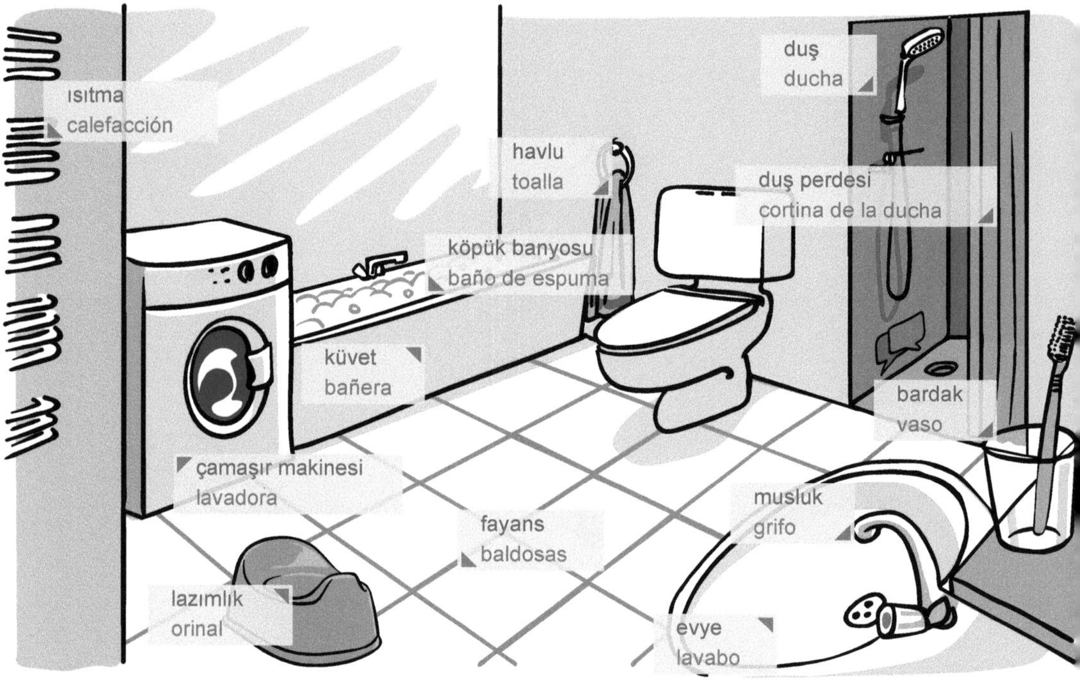

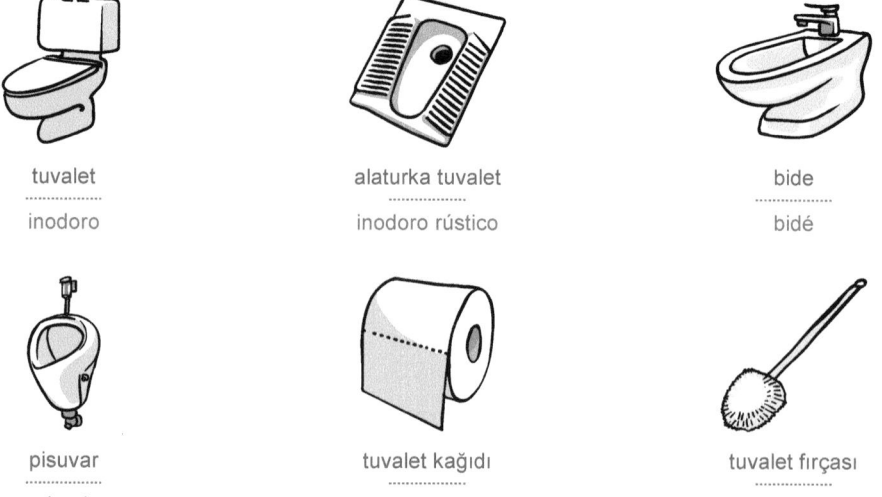

tuvalet

inodoro

alaturka tuvalet

inodoro rústico

bide

bidé

pisuvar

urinario

tuvalet kağıdı

papel higiénico

tuvalet fırçası

escobilla del váter

diş fırçası

cepillo de dientes

diş macunu

pasta de dientes

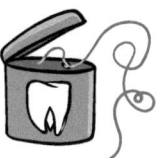

diş ipi

hilo dental

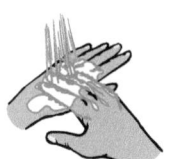

yıkamak

lavar

duş başlığı

ducha de mano

duş başlığı şeklinde taharet musluğu

ducha íntima

küvet

pila

banyo fırçası

cepillo de espalda

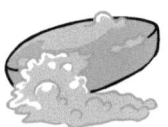

sabun

jabón

duş jeli

gel de ducha

şampuan

champú

banyo lifi

toallita

gider

desagüe

krem

crema

deodorant

desodorante

ayna

espejo

el aynası

espejo de tocador

jilet

maquinilla de afeitar

tıraş köpüğü

espuma de afeitar

tıraş losyonu

loción postafeitado

tarak

peine

fırça

cepillo

saç kurutma makinesi

secador

saç spreyi

laca

makyaj

maquillaje

ruj

pintalabios

tırnak cilası

pintauñas

pamuk

algodón

tırnak makası

cortauñas

parfüm

perfume

makyaj çantası

estuche de viaje

tabure

banqueta

tartı

balanza

bornoz

albornoz

lastik eldiven

guantes de goma

tampon

tampón

kadın pedi

compresa

kimyevi tuvalet

inodoro químico

çocuk odası
habitación de los niños

çalar saat
despertador
peluş oyuncak
peluche
oyuncak araba
coche de juguete
çıngırak
sonajero
bebek evi
casa de muñecas
hediye
regalo

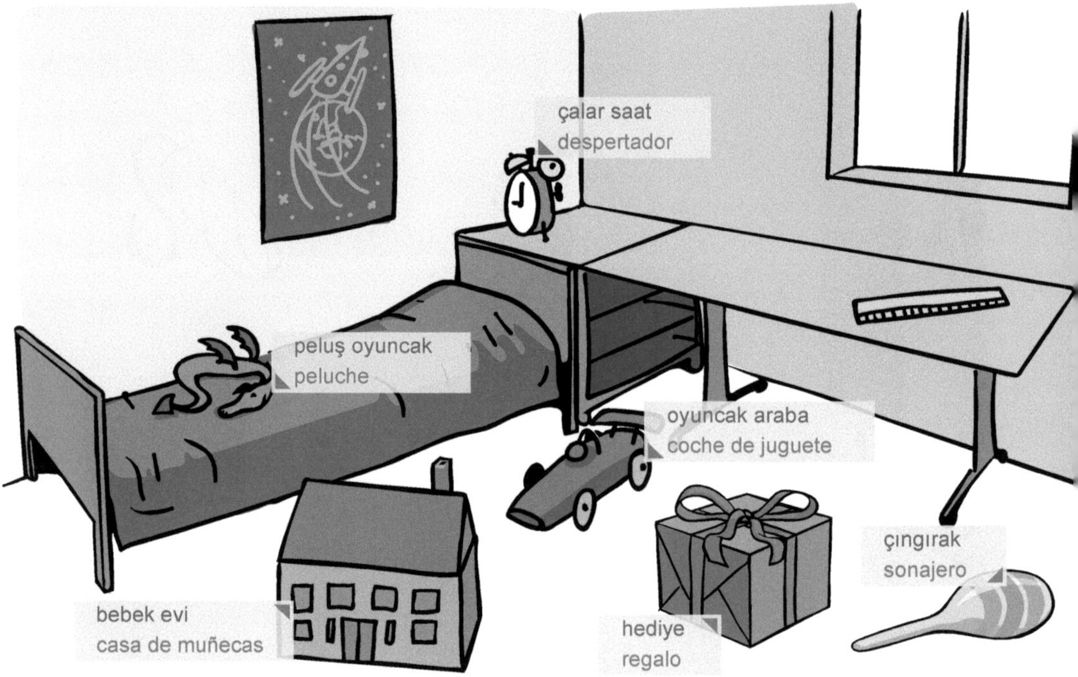

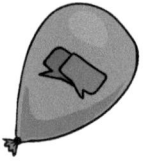

balon

globo

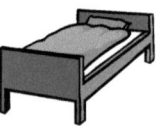

yatak

cama

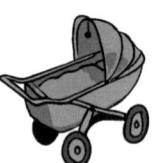

bebek arabası

coche de niño

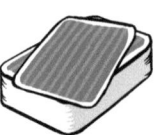

kart destesi

naipes

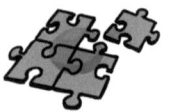

yapboz

puzle

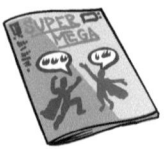

çizgi roman

tebeo

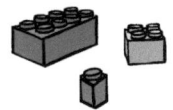

lego tuğlaları

piezas de lego

lego blokları

bloques de juguete

aksiyon figürü

figura de acción

zıbın

bodi (de bebé)

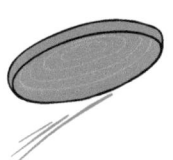

frizbi

frisbee

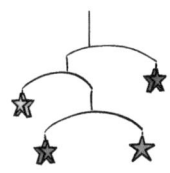

dönence

colgador móvil para bebés

masa oyunu

juego de mesa

zar

dados

model tren seti

circuito de tren eléctrico

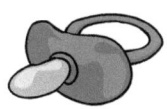

emzik

maniquí

parti

fiesta

resimli kitap

álbum de fotos

top

pelota

oyuncak bebek

muñeca

oynamak

jugar

kum havuzu

cajón de arena

salıncak

columpio

oyuncaklar

juguetes

video oyun konsolu

videoconsola

üç tekerlekli bisiklet

triciclo

oyuncak ayı

oso de peluche

gardırop

guardarropa

kıyafet
ropa

çorap

calcetines

külotlu çorap

medias

tayt

leotardos

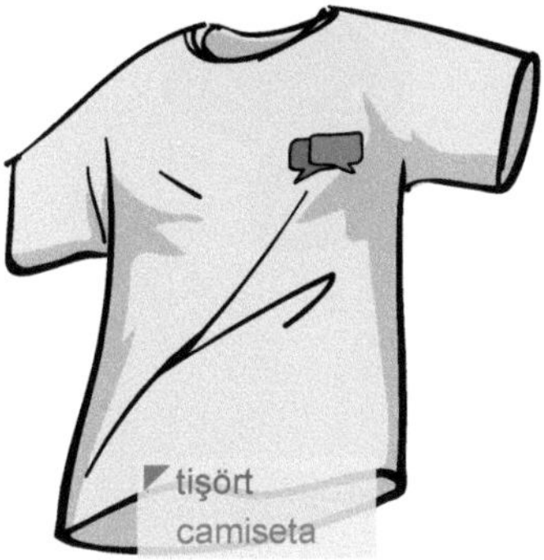

eşarp
bufanda

kemer
cinturón

şemsiye
paraguas

tişört
camiseta

spor ayakkabı
deportivas

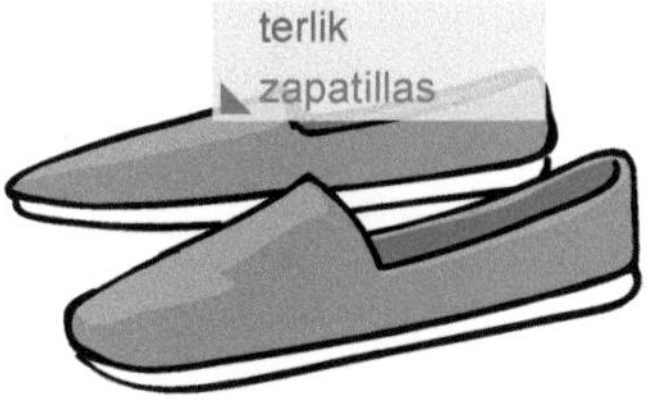

bot
botas

terlik
zapatillas

sandalet
....
sandalias

ayakkabı
....
zapatos

lastik çizme
....
botas de goma

külot
....
slip

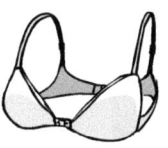

sütyen
....
sostén

yelek
....
chaleco

dar bluz
bodi

pantolon
pantalones

kot pantolon
vaqueros

etek
falda

bluz
blusa

gömlek
camisa

kazak
jersey

süveter
suéter

blazer
blazer

ceket
chaqueta

mont
abrigo

yağmurluk
gabardina

kostüm
traje

elbise
vestido

gelinlik
vestido de novia

takım elbise

traje

gecelik

camisón

pijama

pijama

sari

sari

baş örtüsü

bandana

türban

turbante

burka

burka

kaftan

caftán

çarşaf

abaya

mayo

traje de baño

erkek mayosu

bañador

şort

pantalones cortos

eşofman

chándal

önlük

delantal

eldiven

guantes

düğme

botón

gözlük

gafas

bilezik

brazalete

kolye

collar

yüzük

anillo

küpe

pendiente

kep

gorra

portmanto

percha

şapka

sombrero

kravat

corbata

fermuar

cremallera

kask

casco

pantolon askısı

tirantes

okul forması

uniforme escolar

üniforma

uniforme

mama önlüğü

babero

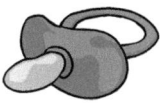

emzik

maniquí

bebek bezi

pañal

ofis
oficina

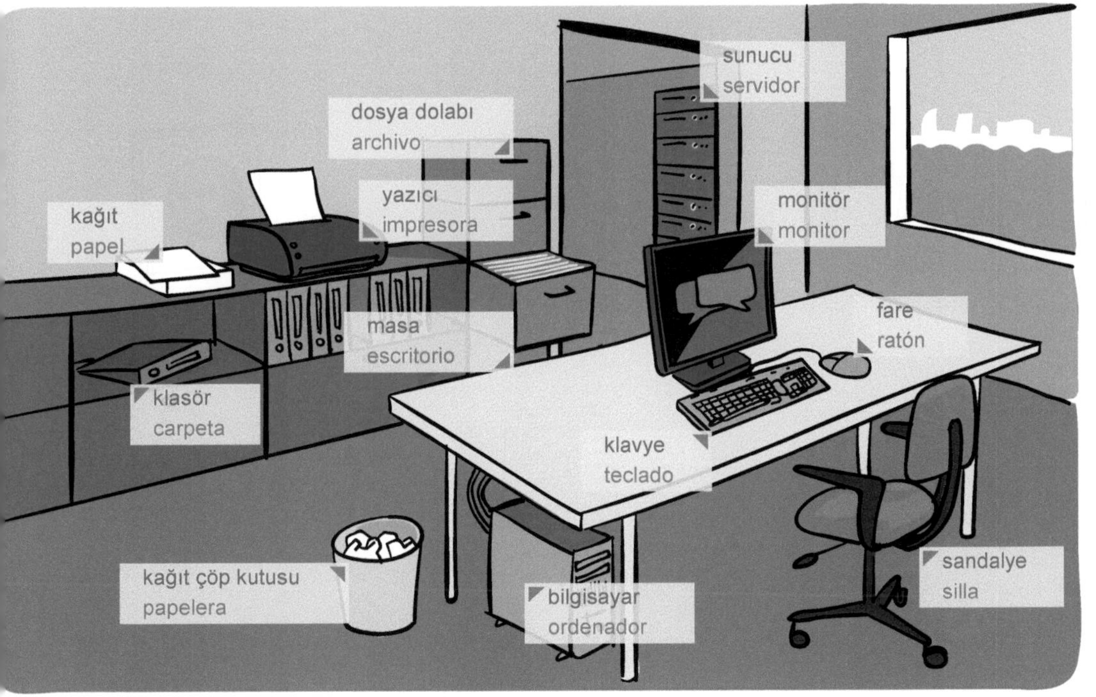

sunucu
servidor

dosya dolabı
archivo

yazıcı
impresora

monitör
monitor

kağıt
papel

fare
ratón

masa
escritorio

klasör
carpeta

klavye
teclado

kağıt çöp kutusu
papelera

sandalye
silla

bilgisayar
ordenador

kahve fincanı

taza de café

hesap makinesi

calculadora

internet

internet

dizüstü

portátil

mektup

carta

mesaj

mensaje

cep telefonu

móvil

ağ

red

fotokopi makinesi

fotocopiadora

yazılım

software

telefon

teléfono

priz

toma de corriente

faks makinesi

fax

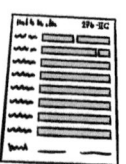

form

formulario

belge

documento

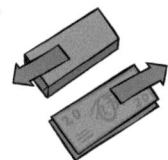

satın almak

comprar

ödemek

pagar

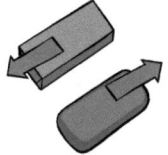

ticaret yapmak

comerciar

para

dinero

dolar

dólar

avro

euro

yen

yen

ruble

rublo

İsviçre frangı

franco suizo

Çin yuanı

renminbi yuan

rupi

rupia

kasa

cajero automático

döviz bürosu

oficina de cambio de divisas

altın

oro

gümüş

plata

petrol

petróleo

enerji

energía

fiyat

precio

kontrat

contrato

vergi

impuesto

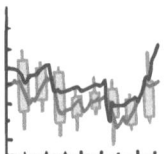

menkul değer

acción

çalışmak

trabajar

işveren

empleado

işçi

empleador

fabrika

fábrica

mağaza

tienda

ekonomi - economía

meslekler
oficios

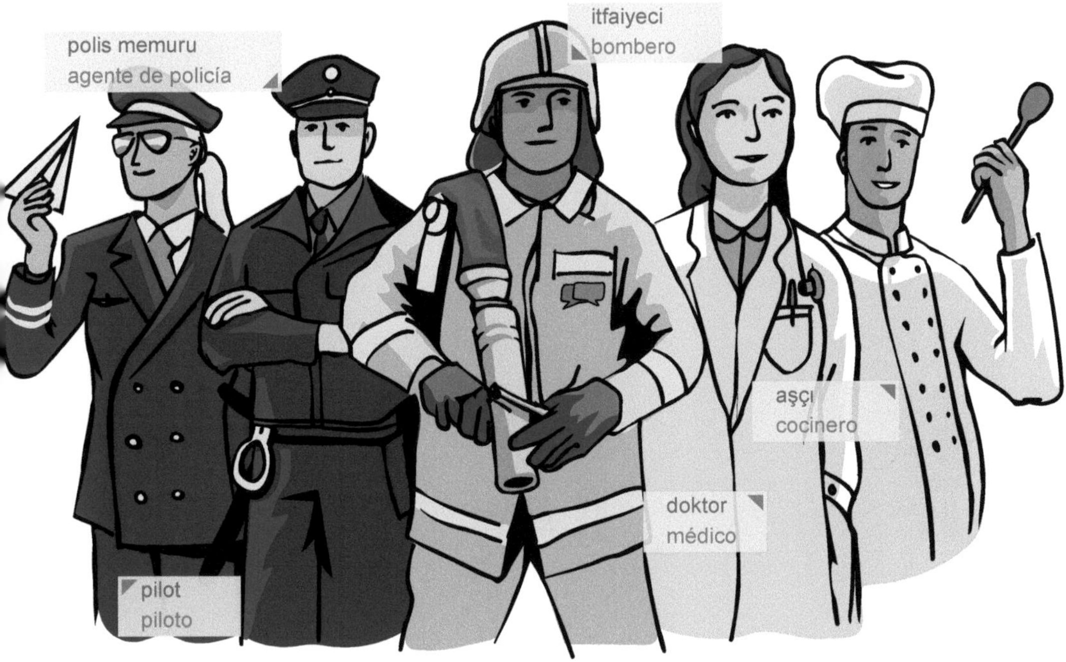
polis memuru
agente de policía
itfaiyeci
bombero
aşçı
cocinero
doktor
médico
pilot
piloto

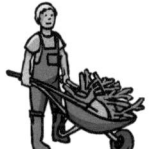

bahçıvan

jardinero

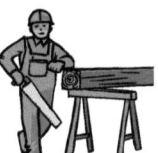

marangoz

carpintero

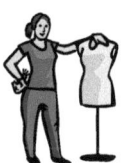

terzi

costurera

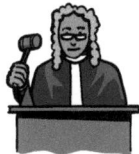

hakim

juez

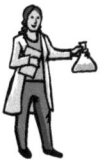

kimyager

farmacéutico

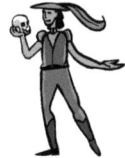

aktör

actor

otobüs şoförü

conductor de autobús

taksi şoförü

taxista

balıkçı

pescador

temizlikçi

señora de la limpieza

çatı ustası

techador

garson

camarero

avcı

cazador

boyacı

pintor

fırıncı

panadero

elektrikçi

electricista

inşaatçı

obrero

mühendis

ingeniero

kasap

carnicero

muslukçu

fontanero

postacı

cartero

asker

soldado

mimar

arquitecto

kasiyer

cajero

çiçekçi

florista

kuaför

peluquero

kondüktör

revisor

tamirci

mecánico

kaptan

capitán

dişçi

dentista

bilim insanı

científico

haham

rabino

imam

imán

keşiş

monje

rahip

sacerdote

meslekler - oficios

aletler
herramientas

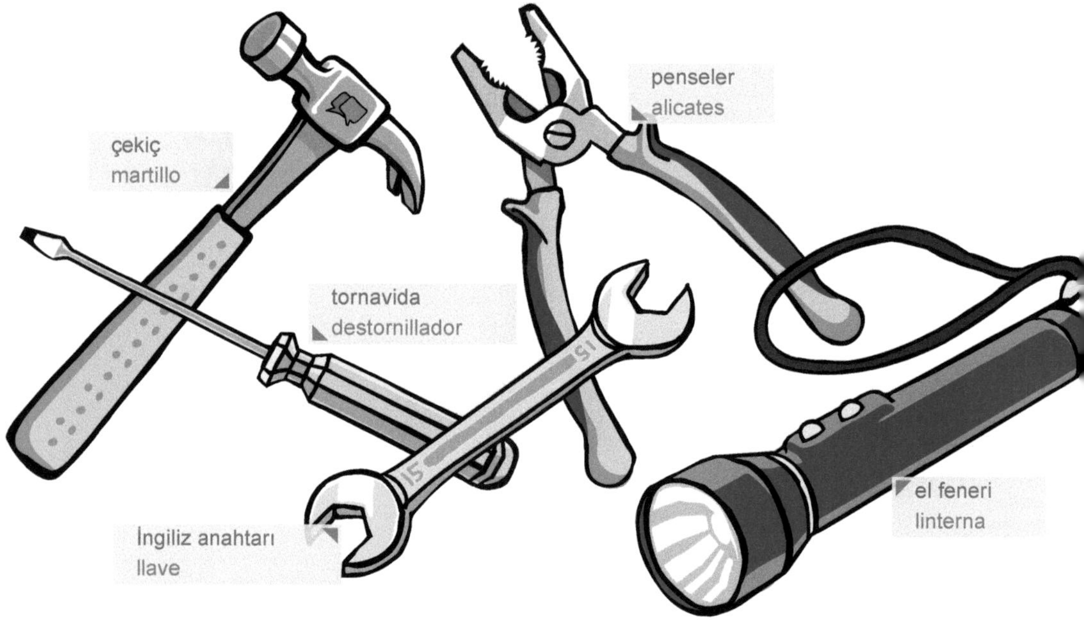

çekiç
martillo
penseler
alicates
tornavida
destornillador
İngiliz anahtarı
llave
el feneri
linterna

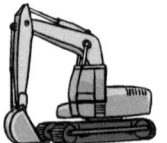

kazı makinesi

excavadora

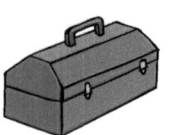

alet çantası

caja de herramientas

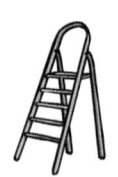

merdiven

escalera de mano

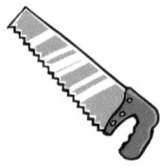

testere

sierra

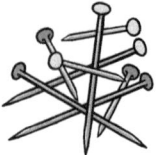

çiviler

clavos

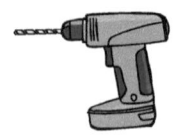

matkap

taladro

tamir etmek

reparar

kürek

pala

Kahretsin!

¡Maldita sea!

faraş

recogedor

boya tenekesi

bote de pintura

vidalar

tornillos

müzik enstrümanı
instrumentos musicales

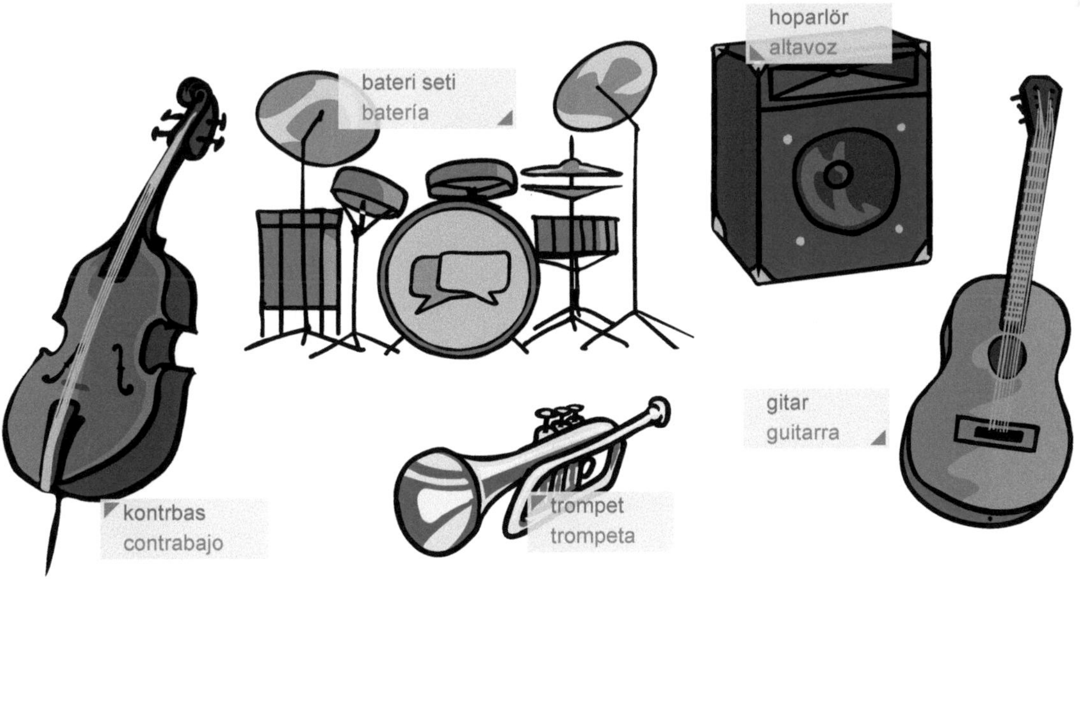

bateri seti
batería

hoparlör
altavoz

gitar
guitarra

kontrbas
contrabajo

trompet
trompeta

piyano

piano

keman

violín

basgitar

bajo

timpani

timbales

bateri

tambor

klavye

teclado

saksafon

saxofón

flüt

flauta

mikrofon

micrófono

hayvanat bahçesi

zoo

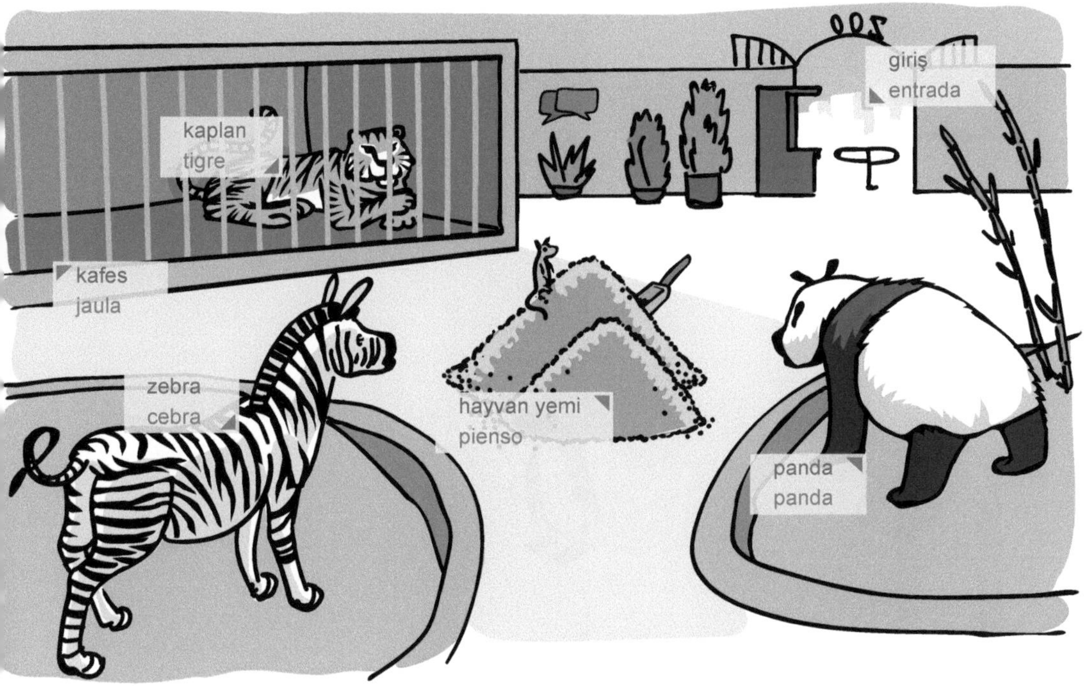
kaplan
tigre
kafes
jaula
zebra
cebra
hayvan yemi
pienso
giriş
entrada
panda
panda

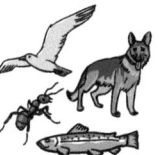

hayvanlar

animales

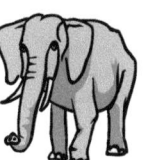

fil

elefante

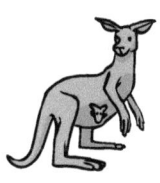

kanguru

canguro

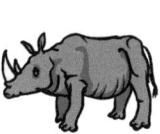

gergedan

rinoceronte

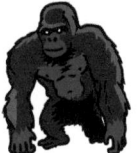

goril

gorila

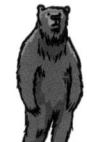

ayı

oso

deve

camello

deve kuşu

avestruz

aslan

león

maymun

mono

flamingo

flamingo

papağan

loro

kutup ayısı

oso polar

penguen

pingüino

köpek balığı

tiburón

tavus kuşu

pavo real

yılan

serpiente

timsah

cocodrilo

hayvanat bahçesi görevlisi

guardián de zoológico

fok

foca

jaguar

jaguar

midilli atı
poni

leopar
leopardo

su aygırı
hipopótamo

zürafa
jirafa

kartal
águila

yaban domuzu
jabalí

balık
pescado

kaplumbağa
tortuga

mors
morsa

tilki
zorro

ceylan
gacela

sporlar

deportes

amerikan futbolu
fútbol americano

bisiklete binme
ciclismo

tenis
tenis

basketbol
baloncesto

yüzme
natación

boks
boxeo

buz hokeyi
hockey sobre hielo

futbol
fútbol

badminton
bádminton

atletizm
atletismo

hentbol
balonmano

kayak
esquí

polo
polo

etkinlikler
actividades

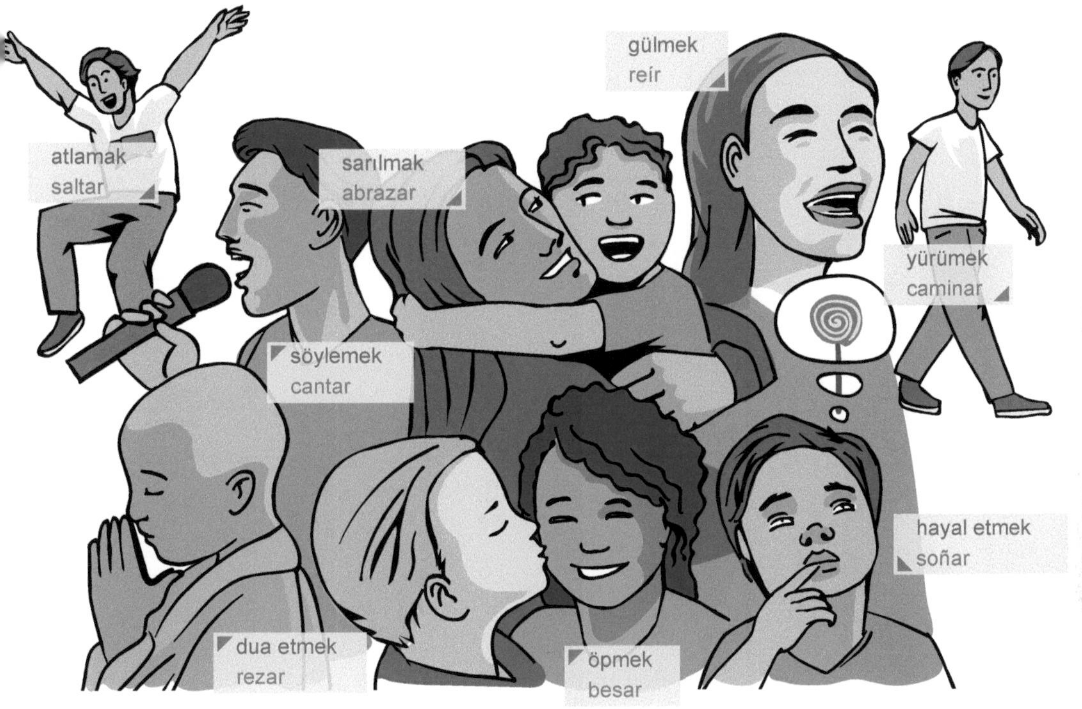

gülmek
reír
atlamak
saltar
sarılmak
abrazar
yürümek
caminar
söylemek
cantar
hayal etmek
soñar
dua etmek
rezar
öpmek
besar

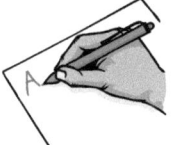

yazmak

escribir

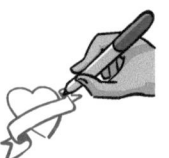

çizmek

dibujar

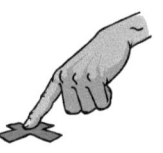

göstermek

mostrar

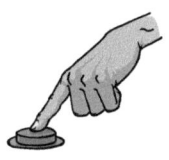

itmek

empujar

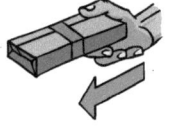

vermek

dar

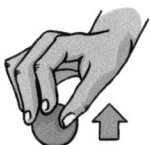

almak

tomar

sahip olmak

tener

yapmak

hacer

olmak

ser

ayakta durmak

estar de pie

koşmak

correr

çekmek

tirar

atmak

tirar

düşmek

caer

yalan söylemek

yacer

beklemek

esperar

taşımak

llevar

oturmak

estar sentado

giyinmek

vestirse

uyumak

dormir

uyanmak

despertar

bakmak

mirar

ağlamak

llorar

vurmak

acariciar

taramak

peinar

konuşmak

hablar

anlamak

entender

sormak

preguntar

dinlemek

escuchar

içmek

beber

yemek

comer

düzenlemek

ordenar

sevmek

amar

pişirmek

cocinar

sürmek

conducir

uçmak

volar

denize açılmak

navegar

hesapla

calcular

okumak

leer

öğrenmek

aprender

çalışmak

trabajar

evlenmek

casarse

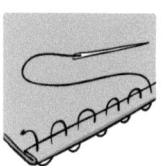

dikmek

coser

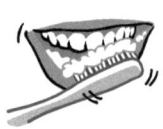

diş fırçalamak

cepillarse los dientes

öldürmek

matar

sigara içmek

fumar

yollamak

enviar

aile
familia

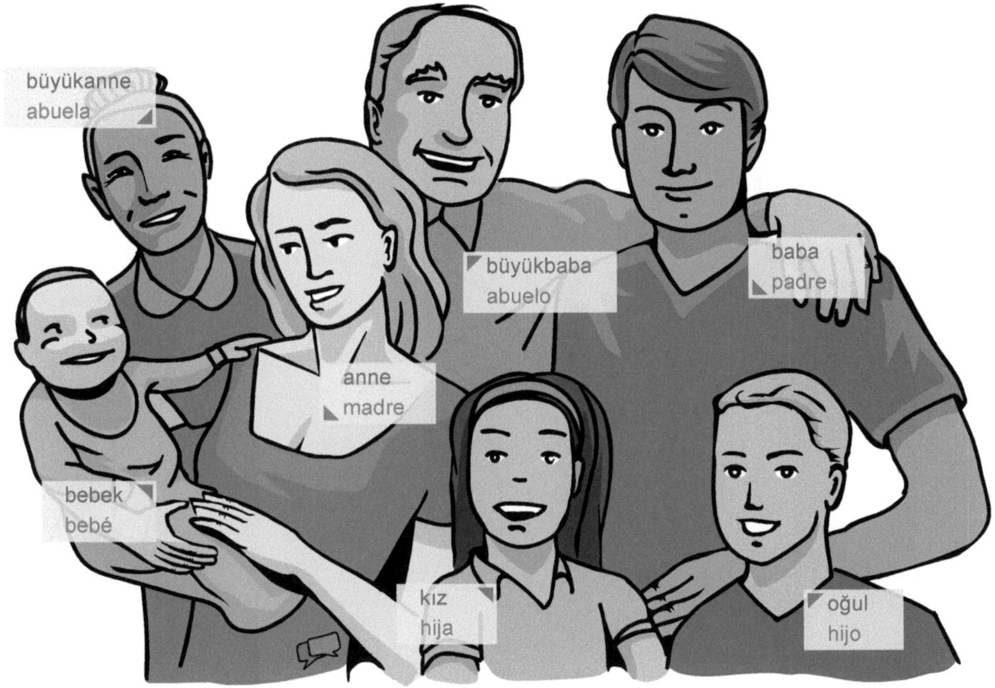
büyükanne
abuela
büyükbaba
abuelo
baba
padre
anne
madre
bebek
bebé
kız
hija
oğul
hijo

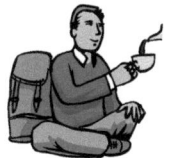

misafir

invitado

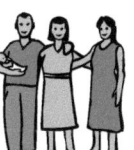

teyze

tía

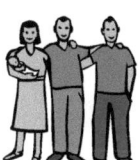

amca

tío

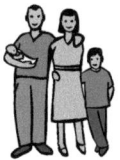

erkek kardeş

hermano

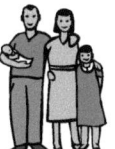

kız kardeş

hermana

vücut
cuerpo

alın
frente
göz
ojo
omuz
hombro
parmak
dedo
yüz
cara
çene
barbilla
el
mano
bacak
pierna
göğüs
pecho
kol
brazo

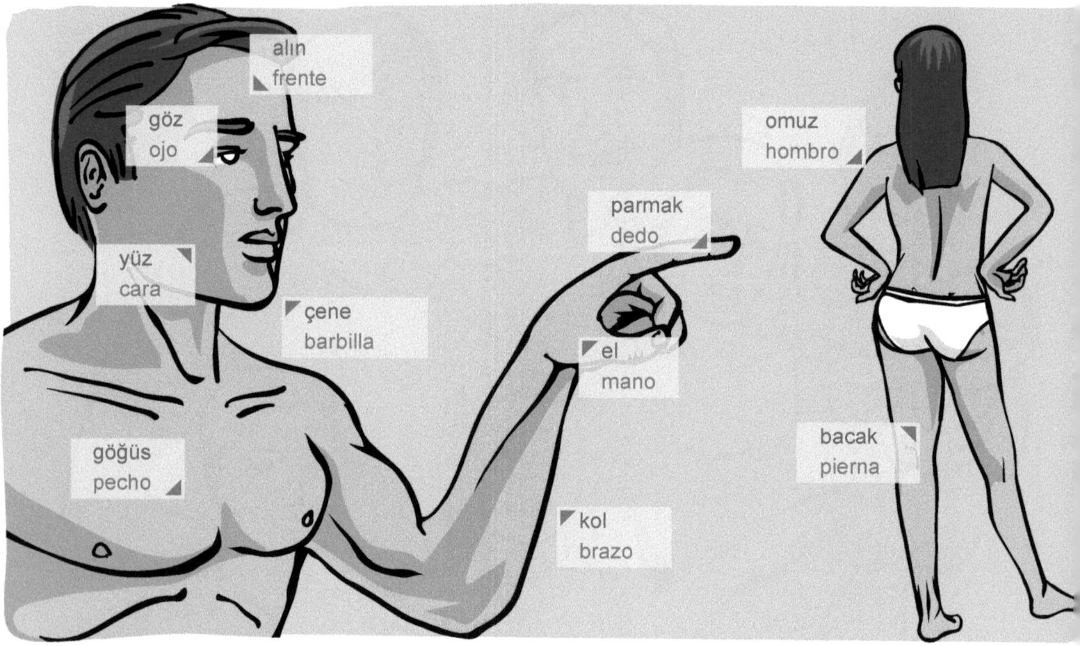

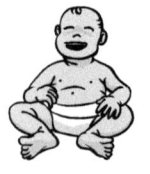

bebek
bebé

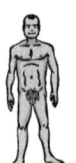

adam
hombre

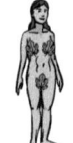

kadın
mujer

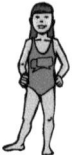

kız
chica

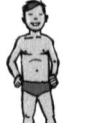

erkek çocuk
chico

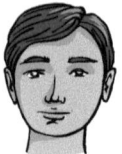

baş
cabeza

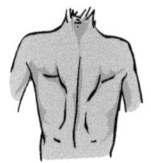

sırt

espalda

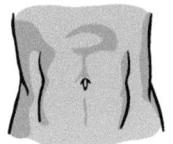

karın

vientre

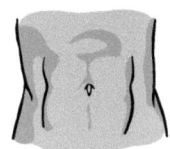

göbek

ombligo

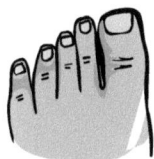

ayak parmağı

dedo del pie

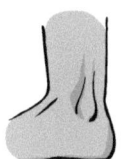

topuk

talón

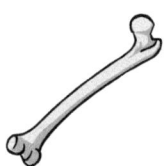

kemik

hueso

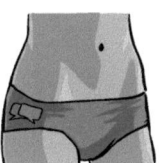

kalça

cadera

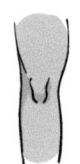

diz

rodilla

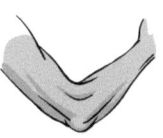

dirsek

codo

burun

nariz

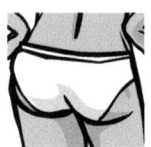

kalça

trasero

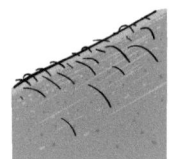

deri

piel

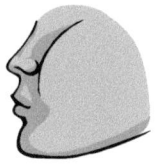

yanak

mejilla

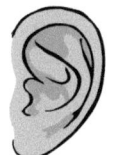

kulak

oído

dudak

labio

ağız

boca

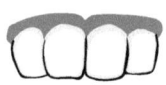

diş

diente

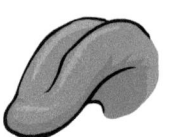

dil

lengua

beyin

cerebro

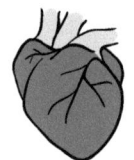

kalp

corazón

kas

músculo

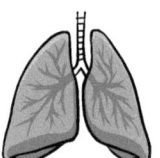

akciğer

pulmón

karaciğer

hígado

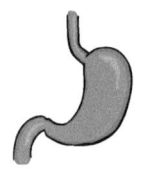

mide

estómago

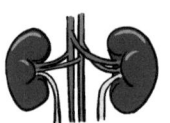

böbrekler

riñones

seks

sexo

prezervatif

condón

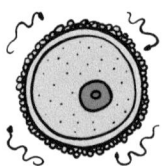

yumurtalık

ovario

sperm

semen

hamilelik

embarazo

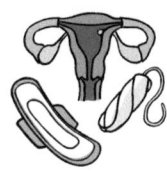

regl
menstruación

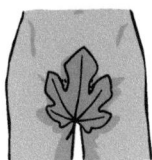

vajina
vagina

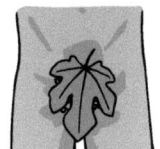

penis
pene

kaş
ceja

saç
pelo

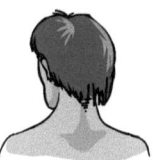

boyun
cuello

hastane
hospital

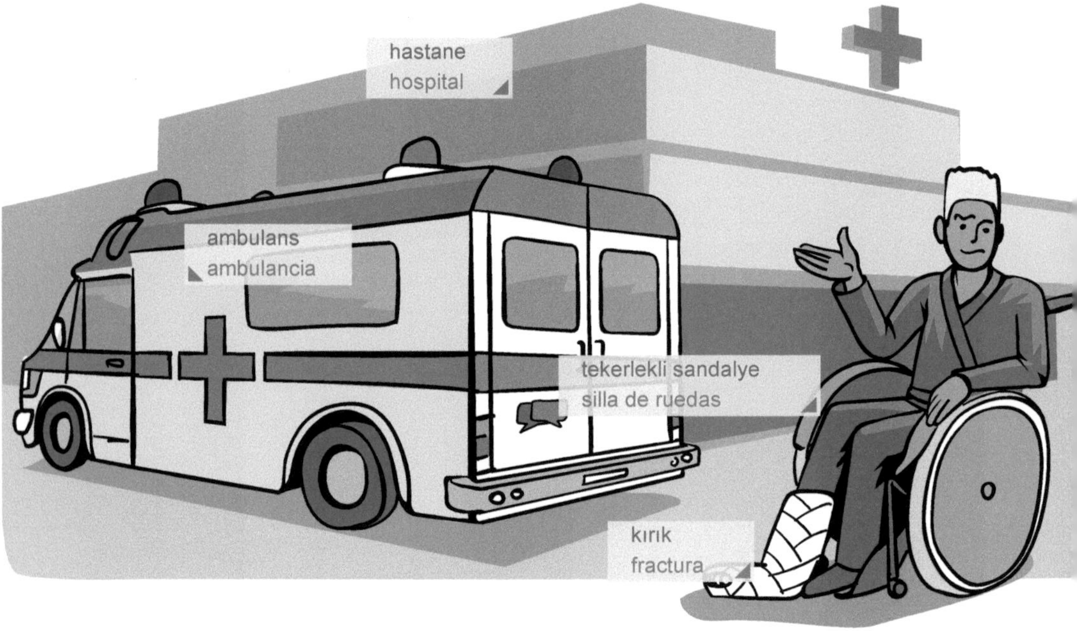

hastane
hospital
ambulans
ambulancia
tekerlekli sandalye
silla de ruedas
kırık
fractura

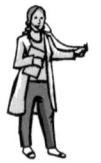

doktor

médico

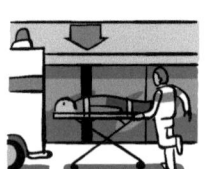

acil servis

sala de urgencias

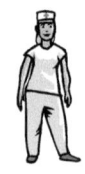

hemşire

enfermera

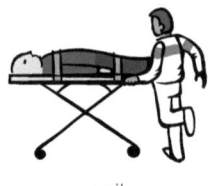

acil

urgencia

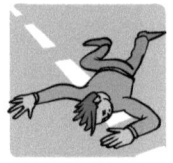

baygın

inconsciente

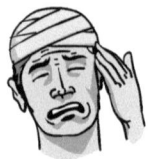

acı

dolor

yaralanma

lesión

kanama

hemorragia

kalp krizi

infarto

felç

ictus

alerji

alergia

öksürük

tos

ateş

fiebre

grip

gripe

ishal

diarrea

baş ağrısı

dolor de cabeza

kanser

cáncer

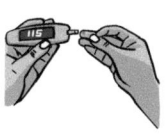

şeker hastalığı

diabetes

cerrah

cirujano

neşter

bisturí

operasyon

operación

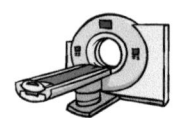

bilgisayarlı tomografi

TAC

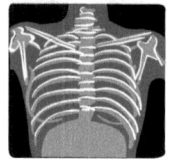

röntgen

rayos x

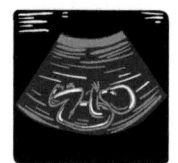

ultrason

ultrasonido

yüz maskesi

mascarilla

hastalık

enfermedad

bekleme odası

sala de espera

koltuk değneği

muleta

yara bandı

tirita

bandaj

venda

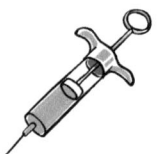

enjeksiyon

inyección

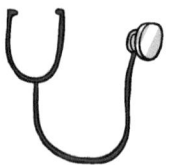

steteskop

estetoscopio

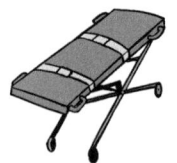

sedye

camilla

tıbbi termometre

termómetro

doğum

nacimiento

fazla kilo

sobrepeso

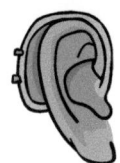

işitme cihazı

audífono

dezenfektan

desinfectante

enfeksiyon

infección

virüs

virus

HIV / AIDS

VIH / SIDA

ilaç

medicina

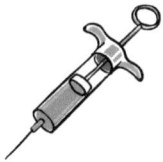

aşı

vacunación

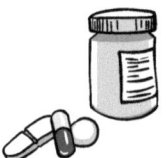

tablet

tabletas

hap

pastilla

acil çağrı

llamada de urgencia

tansiyon aleti

tensiómetro

hasta / sağlıklı

enfermo / sano

İmdat!

¡Socorro!

alarm

alarma

darp

asalto

saldırı

ataque

tehlike

peligro

acil çıkış

salida de emergencia

Yangın!

¡Fuego!

yangın tüpü

extintor de incendios

kaza

accidente

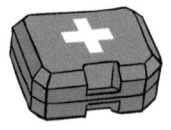

ilk yardım çantası

botiquín de primeros
auxilios

imdat

SOS

polis

policía

Avrupa

Europa

Kuzey Amerika

Norteamérica

Güney amerika

Sudamérica

Afrika

África

Asya

Asia

Avustralya

Australia

Atlantik

Atlántico

Pasifik

Pacífico

Hint Okyanusu

Océano Índico

Antarktika Okyanusu

Océano Antártico

Arktik Okyanusu

Océano Ártico

Kuzey Kutbu

polo norte

Güney Kutbu

polo sur

Antarktika

Antártida

dünya

tierra

kara

tierra

deniz

mar

ada

isla

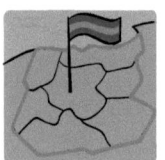

ulus

nación

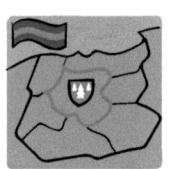

ülke

estado

kadran

esfera

akrep

manecilla de las horas

yelkovan

minutero

saniye ibresi

segundero

Saat kaç?

¿Qué hora es?

gün

día

zaman

tiempo

şimdi

ahora

dijital saat

reloj digital

dakika

minuto

saat

hora

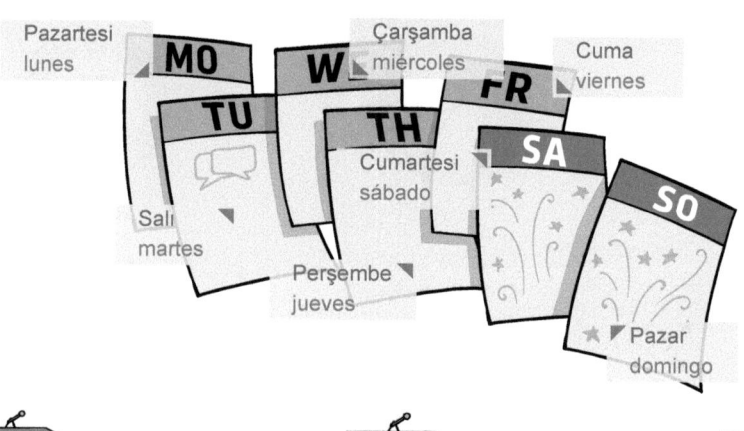

Pazartesi / lunes
Çarşamba / miércoles
Cuma / viernes
Salı / martes
Perşembe / jueves
Cumartesi / sábado
Pazar / domingo

dün
ayer

bugün
hoy

yarın
mañana

sabah
mañana

öğle
mediodía

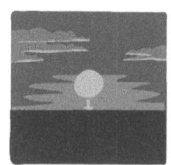

akşam
tarde

iş günleri
días laborables

hafta sonu
fin de semana

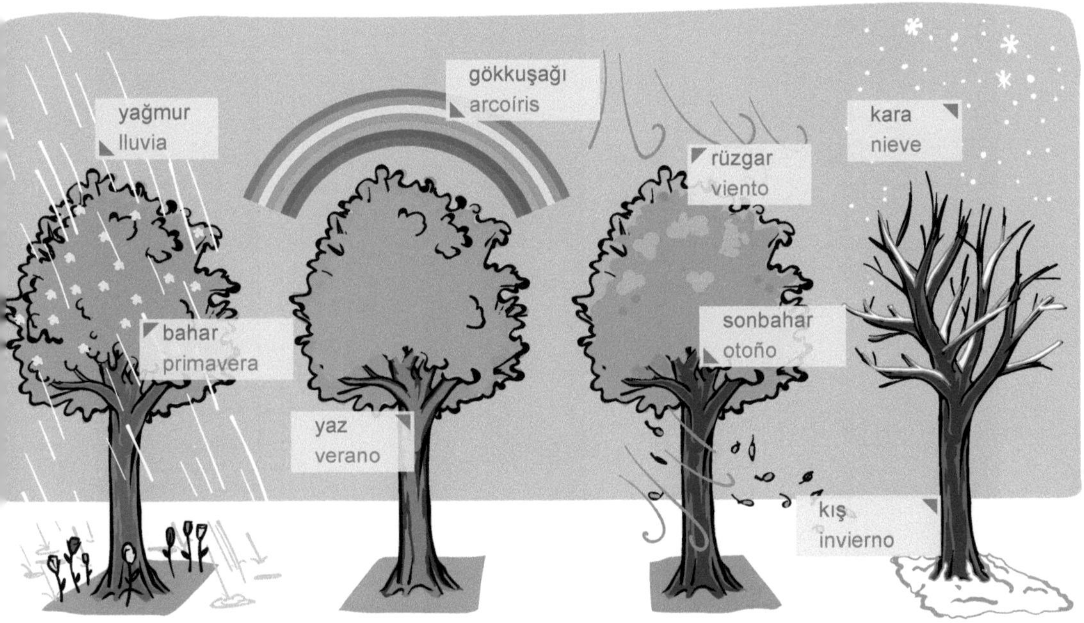

yağmur
lluvia

gökkuşağı
arcoíris

rüzgar
viento

kara
nieve

bahar
primavera

yaz
verano

sonbahar
otoño

kış
invierno

4.APRIL	11°	☀
5.APRIL	4°	⛅
6.APRIL	13°	⛅
7.APRIL	8°	☀
8.APRIL	10°	☀

hava durumu tahmini
·················
pronóstico del tiempo

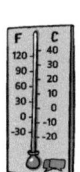

termometre
·················
termómetro

güneş ışığı
sol

bulut
·················
nube

sis
·················
niebla

nem
·················
humedad

şimşek

rayo

gök gürültüsü

trueno

fırtına

tormenta

dolu

granizo

muson

monzón

sel

inundación

buz

hielo

Ocak

enero

Şubat

febrero

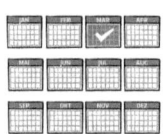

Mart

marzo

Nisan

abril

Mayıs

mayo

Haziran

junio

Temmuz

julio

Ağustos

agosto

yıl - año

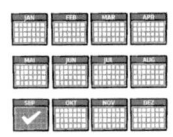

Eylül
....
septiembre

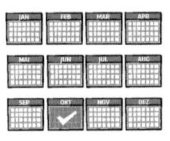

Ekim
....
octubre

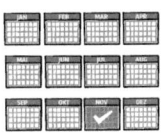

Kasım
....
noviembre

Aralık
....
diciembre

daire
....
círculo

kare
....
cuadrado

dikdörtgen
....
rectángulo

üçgen
....
triángulo

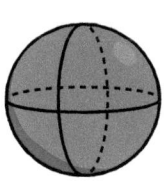

küre
....
esfera

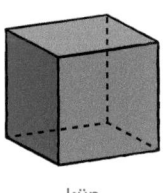

küp
....
cubo

renkler
colores

beyaz

blanco

sarı

amarillo

turuncu

anaranjado

pembe

rosa

kırmızı

rojo

mor

morado

mavi

azul

yeşil

verde

kahverengi

marrón

gri

gris

siyah

negro

çok / az

mucho / poco

kızgın / sakin

enojado / tranquilo

güzel / çirkin

bonito / feo

başlangıç / son

principio / fin

büyük / küçük

grande / pequeño

parlak / karanlık

claro / oscuro

erkek kardeş / kız kardeş

hermano / hermana

temiz / kirli

limpio / sucio

tamam / eksik

completo / incompleto

gün / gece

día / noche

ölü / canlı

muerto / vivo

geniş / dar

ancho / estrecho

yenilebilir / yenilemez
comestible / no comestible

kötü / iyi
malo / amable

heyecanlı / sıkılmış
entusiasmado / aburrido

şişman / zayıf
gordo / delgado

ilk / son
primero / último

dost / düşman
amigo / enemigo

dolu / boş
lleno / vacío

sert / yumuşak
duro / blando

ağır / hafif
pesado / ligero

açlık / susuzluk
hambre / sed

hasta / sağlıklı
enfermo / sano

yasa dışı / yasal
ilegal / legal

zeki / aptal
inteligente / tonto

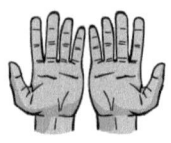

sol / sağ
izquierda / derecha

yakın / uzak
cerca / lejos

zıt anlamlılar - opuestos

yeni / kullanılmış

nuevo / usado

hiçbir şey / bir şey

nada / algo

yaşlı / genç

viejo / joven

açma / kapama

encendido / apagado

açık / kapalı

abierto / cerrado

sessiz / gürültülü

silencioso / ruidoso

zengin / fakir

rico / pobre

doğru / yanlış

correcto / incorrecto

pürüzlü / düz

áspero / suave

üzgün / mutlu

triste / contento

kısa / uzun

corto / largo

yavaş / hızlı

lento / rápido

ıslak / kuru

húmedo / seco

sıcak / serin

cálido / frío

savaş / barış

guerra / paz

0	**1**	**2**
sıfır	bir	iki
cero	uno	dos

3	**4**	**5**
üç	dört	beş
tres	cuatro	cinco

6	**7**	**8**
altı	yedi	sekiz
seis	siete	ocho

9	**10**	**11**
dokuz	on	on bir
nueve	diez	once

12

on iki

doce

13

on üç

trece

14

on dört

catorce

15

on beş

quince

16

on altı

dieciséis

17

on yedi

diecisiete

18

on sekiz

dieciocho

19

on dokuz

diecinueve

20

yirmi

veinte

100

yüz

cien

1.000

bin

mil

1.000.000

milyon

millón

idiomas

İngilizce
inglés

Amerikan İngilizcesi
inglés americano

Çince (Mandarin)
chino mandarín

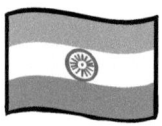

Hintçe
hindi

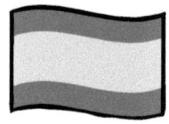

İspanyolca
español

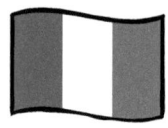

Fransızca
francés

Arapça
árabe

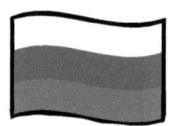

Rusça
ruso

Portekizce
portugués

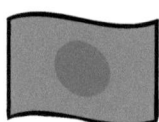

Bengalce
bengalí

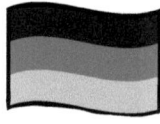

Almanca
alemán

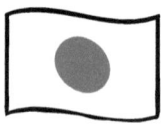

Japonca
japonés

ben

yo

sen

tú

o

él / ella / ello

biz

nosotros/as

siz

vosotros/as

onlar

ellos/as

kim?

¿quién?

ne?

¿qué?

nasıl?

¿cómo?

nerede?

¿dónde?

ne zaman?

¿cuándo?

isim

nombre

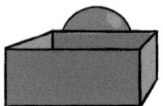

arkasında

detrás

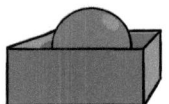

içinde

en

önünde

delante de

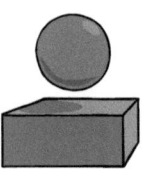

üzerinde

por encima de

üstünde

sobre

altında

debajo de

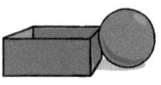

yanında

junto a

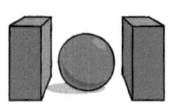

arasında

entre

yer

lugar